I miei piccoli amici

Testi: Bruno Tenerezza
Illustrazioni: Gianluca Garofalo, Matteo Vattani
Il personaggio di **Polpetta** è una creazione di Gianluca Garofalo e Matteo Vattani
Progetto grafico e impaginazione: Fabio Segnalini, Simonetta Zuddas
Grafica copertina: Simonetta Zuddas
Redazione: Elena Carloni
Ricerca iconografica: Claudia Hendel

REFERENZE FOTOGRAFICHE:
Archivio Giunti, Firenze: © Desachy pp. 7, 62 a; © Visintini pp. 10, 15 b, 24, 26, 28 a, 30 a, 32, 49 a; © Rossi pp. 16 b, 19, 38, 55, 62 b; © Giberti pp. 20, 25 b, 27 b, 31 b; © Leonardi pp. 48 b, 52 b, 53 a; © Leonardo Di Bugno p. 53 b.
Contrasto: © Jane Burton NPL copertina, p. 3; © Walt Disney Co./Courtesy Everett Collection p. 58 a; © Courtesy Everett Collection p. 59 a; © Everett Collection p. 59 b.
Corbis: © DLILLC pp. 17, 39; © Ocean pp. 29, 43; © Ghislain & Marie David de Lossy/Cultura p. 33; © David Burton/Beateworks p. 36 b; © Shinya Sasaki/MottoPet/Amanaimages p. 37; © Ariel Skelley p. 44.
Disney: Copyright © Disney p. 60 a.
Fotolia: © Irina Igumnova p. 6; © PHB.cz p. 9; © Rob Jamieson p. 15 a; © Pieter Bregman p. 18; © Papo p. 21; © Tolubaev Stanislav p. 22; © Shalltron p. 23; © Pavel Timofeev p. 25 a; © Sanyo p. 27 a; © Vibe Images pp. 34-35 a; © Kameleonmedia p. 35 b; © Magpix p. 36 as; © Nicola Gulliver p. 36 ad; © Stjepan Banovic p. 40; © Tino Hemmann p. 42; © Vibe Images p. 47 a; © Vitalij Geraskin p. 47 b; © Oleg Ivanov p. 48 a; © Alexander Arns p. 49 b; © Nikolay Pozdeev p. 50 a; © Hannamonika p. 50 b; © Jérôme Bertin p. 51 a; © Tinka p. 51 b; Neneo p. 52 a; © AlexanderZam p. 54 a; © Karol Zdyb p. 57.
Getty Images: © DEA / G. DAGLI ORTI p. 55 a.
Tipsimages: © Bios p. 8.

Dove altrimenti non indicato, le immagini appartengono all'archivio Giunti.
L'editore si dichiara disponibile a regolare eventuali spettanze
per quelle immagini di cui non è stato possibile reperire la fonte.

www.giunti.it

Via Bolognese, 165 - 50139 Firenze - Italia
Via Dante, 4 - 20121 Milano - Italia

Prima edizione: marzo 2011

Ristampa	Anno
6 5 4 3 2 1 0	2015 2014 2013 2012 2011

Stampato presso Giunti Industrie Grafiche S.p.A. – Stabilimento di Prato

Il mio cane

GIUNTI Junior

Ciao!
Io mi chiamo
Polpetta!

... E, come puoi vedere, sono un cucciolo di cane! Ti dirò tutto quello che serve per diventare amici e vivere felici insieme. Scoprirai ciò che a noi cani piace mangiare, imparerai a riconoscere il nostro umore e a prenderti cura di noi.
Seguimi!

SOMMARIO

Avrò un cane

Trovatello o no?

C'è chi desidera un cane da tanto tempo e riesce finalmente a convincere mamma e papà a comprarne uno, e chi "adotta" un cucciolo senza pensarci troppo.

Alcuni preferiscono una determinata razza, altri cercano un cane da guardia, altri ancora pensano di far partecipare il loro amico a quattro zampe a concorsi di bellezza. Se nessuno di questi motivi ti sembra importante, la decisione migliore è adottare un **trovatello**. I canili, purtroppo sempre molto affollati, offrono una vastissima scelta di taglia e di età.

Cucciolo o adulto, questo cane si trasformerà ben presto in un compagno intelligente, vivace e affettuoso, che sarà eternamente riconoscente a chi gli è venuto in aiuto.

Cuccioli di razza

Se hai deciso, invece, di acquistare un cane di razza con tutte le carte in regola, il metodo più sicuro è rivolgersi a un allevatore (visitando l'allevamento si possono "conoscere" i genitori del cucciolo, così da farsi un'idea del carattere e dell'aspetto che avrà una volta cresciuto).

Un'altra possibilità è mettersi d'accordo con un amico che ha deciso di far fare i cuccioli alla sua cagnetta.

Maschio o femmina?

Le **femmine** sono più calme, affettuose e attaccate alla famiglia. Osservatrici attente dei loro padroni, sono anche più sensibili e obbedienti, adattandosi meglio alla vita in appartamento. In compenso, sembrano meno belle, perché hanno una muscolatura meno sviluppata e, in genere, un mantello più ridotto.

I **maschi** sono forse più "simpatici": estroversi e impulsivi, sono irrequieti, amano gli spazi aperti e spesso litigano con i loro simili per il possesso del territorio.

Cos'è il pedigree?

Chi acquista un cane di razza pura, dopo alcuni mesi dalla nascita del cucciolo riceve il cosiddetto "pedigree", un particolare certificato che riporta le caratteristiche fisiche del cucciolo e il nome dei suoi genitori, nonni e bisnonni, oltre al nome e all'indirizzo dell'allevatore.

Rispetto alle femmine, hanno un aspetto più armonioso e fiero.

Quale razza?

Esistono oltre 300 razze di cani, che si possono classificare in vari modi. Il più usato si basa sul tipo di "lavoro" svolto, che determina caratteristiche fisiche, temperamento e comportamenti diversi.

- I **cani da compagnia** sono di solito di taglia piccola e hanno un carattere molto dolce.
- I **cani da guardia** hanno temperamento deciso, attenzione a ciò che li circonda e una certa dose di aggressività.
- I **cani da difesa** sono coraggiosi, docili e socievoli.
- I **cani da caccia** sono intelligenti, sensibili, obbedienti.
- I **cani da pastore** sono curiosi, molto attenti e "assennati" e hanno spesso un bellissimo mantello.

Taglia grande...

Quasi tutti i cuccioli, hanno le stesse dimensioni, ma una volta cresciuti c'è una bella differenza fra un **beagle** e un **alano**. Nella scelta, bisogna dunque tener conto anche dell'ambiente in cui l'animale andrà a vivere. I cani di taglia grande hanno bisogno di muoversi molto e quindi di fare lunghe passeggiate. Rinchiusi in spazi troppo piccoli, dove magari con un solo colpo di coda sono in grado di rovesciare un tavolino, è inevitabile che si intristiscano o combinino guai.

Chi desidera a tutti i costi un cane di taglia grande, senza avere molto spazio a disposizione, può scegliere un animale dal carattere tranquillo, come il pastore scozzese.

... o taglia piccola?

D'altra parte, non tutti i cani di taglia piccola sono adatti a una vita sedentaria. Per esempio, il **terrier** ha un temperamento molto esuberante e la cosa che lo rende più felice è poter correre liberamente: meglio quindi rinunciare ad acquistarne uno,

è vero che...

...BISOGNA TAGLIARGLI LA CODA?

La consuetudine di tagliare la coda ad alcune razze è oggi una pratica vietata dalla legge, fatta eccezione per le razze che lo prevedono nello standard. In questo caso il taglio va eseguito nella prima settimana di vita, da un veterinario. Per le orecchie, che in passato venivano tagliate per renderle diritte (come nel dobermann, per esempio) il divieto non ammette eccezioni.

se non si ha molto tempo per portarlo a sfogare la sua energia in un parco o su un prato. È preferibile scegliere uno **spaniel** o un **barboncino**, che hanno un temperamento piuttosto domestico.

Che età dovrebbe avere?

Quando si decide di comprare un cane, bisogna tener conto anche dell'età del cucciolo, che non va separato troppo presto dalla sua famiglia: i giochi tra fratelli e le "sgridate" della mamma sono importanti perché cresca sereno.

Il momento migliore perché possa lasciare la cucciolata senza traumi e adattarsi subito alle abitudini della sua nuova famiglia – cosa per lui molto più facile se in casa ci sono dei bambini – è compreso **fra i due e i tre mesi** di età.

È importante però sapere che prendersi cura di un cucciolo è abbastanza impegnativo: bisogna dargli da mangiare almeno tre volte al giorno, insegnargli a non sporcare in casa

Età a confronto

La durata della vita dipende dalla razza, dall'alimentazione e dalle condizioni ambientali, ma in linea di massima per un cane di casa che vive in famiglia è possibile dire che età avrebbe se fosse un essere umano.

CANE	UOMO	CANE	UOMO
1 mese	5 o 6 mesi	7 anni	44 anni
2 mesi	1 anno	8 anni	48 anni
3 mesi	3 anni	9 anni	52 anni
4 mesi	5 anni	10 anni	56 anni
5 mesi	9 anni	11 anni	60 anni
6 mesi	13 anni	12 anni	64 anni
1 anno	18 anni	13 anni	68 anni
2 anni	24 anni	14 anni	72 anni
3 anni	28 anni	15 anni	76 anni
4 anni	32 anni	17 anni	84 anni
5 anni	36 anni	19 anni	92 anni
6 anni	40 anni	20 anni	100 anni

portandolo a passeggio piuttosto spesso, provvedere alle vaccinazioni ed essere pronti a sopportare alcuni piccoli guai casalinghi dovuti al suo... entusiasmo.

Comincio a conoscerlo

Che famiglia!

Il cane appartiene alla classe dei **Mammiferi**, animali che si distinguono dagli altri perché, tra le altre cose, hanno il corpo ricoperto di peli e allattano i loro piccoli.

La famiglia del cane è quella dei **Canidi** – che comprende anche il lupo, lo sciacallo, la volpe e il licaone – tutti animali che mantengono una forte somiglianza nella forma del corpo: hanno dimensioni medie, testa più o meno allungata, coda di media lunghezza e sensi molto sviluppati che permettono di "sentire" e scovare la preda.

Altri aspetti comuni a tutti i Canidi sono l'andatura sulla punta delle dita che li rende molto agili e costituisce una caratteristica importante quando cacciano animali più grossi di loro. Le zampe anteriori sono dotate di cinque dita, uno dei quali posizionato più alto, esattamente come uno sperone, mentre le dita delle zampe posteriori sono solo quattro.

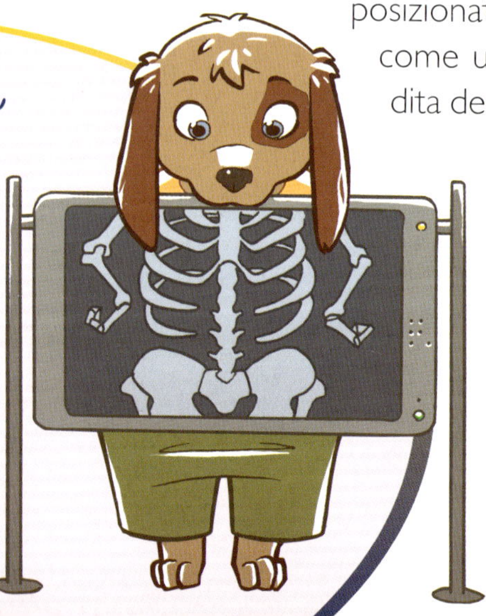

Uomo e cane

Lo scheletro del cane è composto da quasi 300 ossa, quello dell'uomo da circa 200.

• Carta d'Identità •

Nome scientifico	Canis familiaris
Origini	Discende dal lupo grigio
Lunghezza, altezza, peso	Variano a seconda della razza
Temperatura corporea	38-39 °C
Vita media	15 anni (ma può arrivare anche a 20)

Anche lui, come noi, ha una spina dorsale, una gabbia toracica e arti formati da ossa, che si chiamano come le nostre: scapola, omero, femore, tibia. La sua potente muscolatura gli permette di correre molto veloce, spesso con "sprint" rapidissimi.

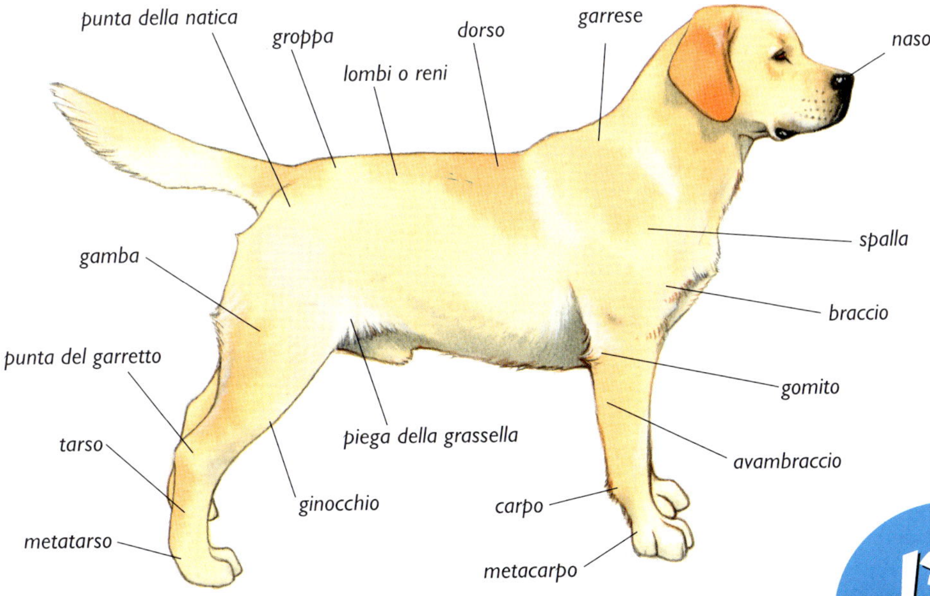

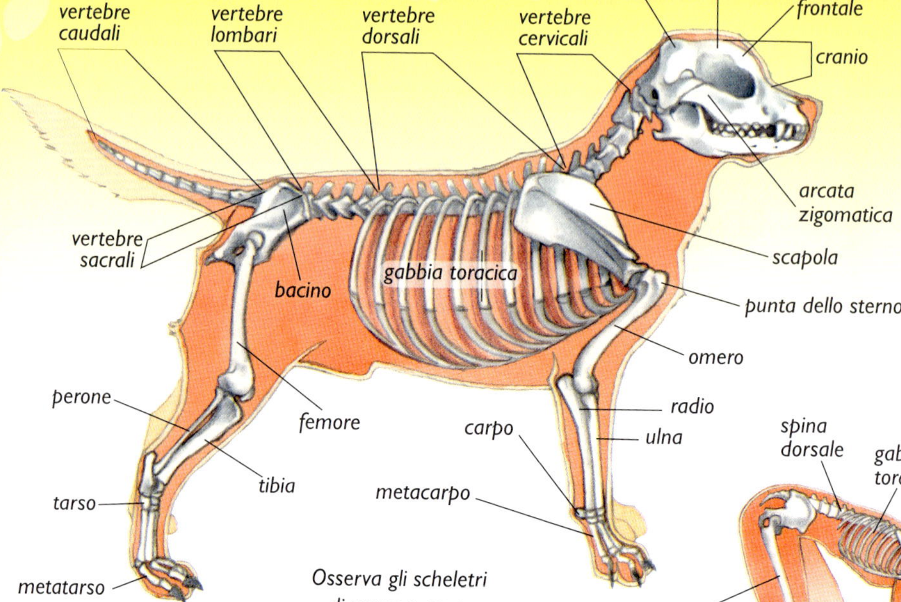

Osserva gli scheletri
di uomo e cane.
Che cosa hanno in comune?

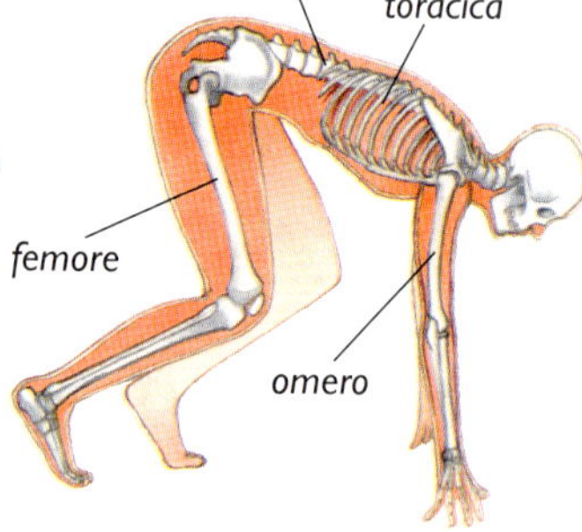

Caratteristiche speciali

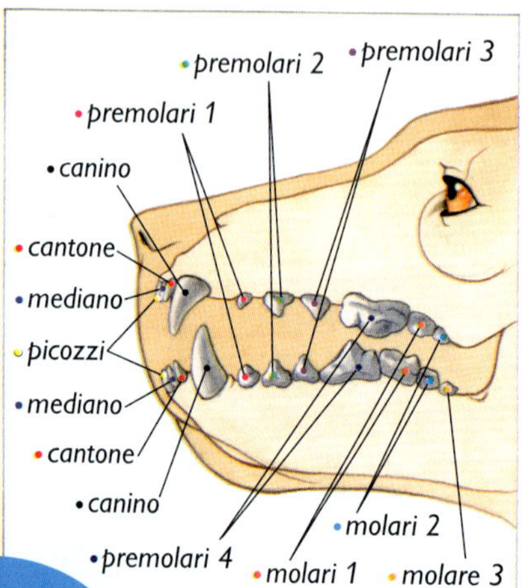

Denti: sono molto forti e durissimi, fatti apposta per mangiare carne e rodere ossa. In tutto sono 42, suddivisi in 20 superiori e 22 inferiori.

Per quanto la dentatura sia diversa da quella dell'uomo, come succede ai bambini anche i cani cuccioli hanno prima i dentini "da latte", che spuntano a un paio di settimane dalla nascita; verso i due

mesi e mezzo cominciano a cadere e vengono sostituiti dai denti permanenti.

Naso: è detto anche **tartufo** per la forma e il colore, assicura al cane il suo senso più importante, l'**olfatto**. Il nostro amico Fido ha una capacità di sentire gli odori un milione di volte superiore alla nostra.

Il cane ha anche una "**memoria olfattiva**" molto sviluppata. Noi ricordiamo solo gli odori particolarmente intensi, mentre il cane identifica qualunque odore e riesce a riconoscerlo anche dopo tre anni.

Orecchie: il suo **udito** è molto più potente di quello dell'uomo: infatti, riesce a sentire suoni a distanza quadrupla rispetto a noi ed è capace di percepire anche gli ultrasuoni, cioè vibrazioni sonore di alta frequenza che l'uomo non è in grado di udire.

Occhi: la **vista** viene solo al terzo posto per il cane. Ciò non significa, che non veda bene: vede meglio di noi gli oggetti in movimento, ma la sua vista è meno precisa

è vero che...

...USA UN SOLO SENSO PER VOLTA?

Facciamo una prova. Parliamo al nostro cane mentre è impegnato a "lavorare di naso", cioè sta seguendo una pista: probabilmente non ci sentirà neppure. Se insistiamo o lo chiamiamo a voce alta, "disattiverà" l'olfatto per "attivare" l'udito: quindi darà retta a noi, ma perderà parte della sua attenzione sulla pista. Questo non vuol dire che usa un solo senso alla volta. In realtà, si concentra su un solo senso, ma gli altri sono prontissimi a entrare in azione.

della nostra: per esempio, se due persone restano immobili a 200 o a 300 metri, non riesce a riconoscere una dall'altra. In compenso, il suo campo visivo è molto più ampio, specie i cani a muso lungo, che hanno gli occhi piuttosto distanziati.

Un altro aspetto riguarda la **visione notturna**: il cane non arriva certo alla perfezione del gatto, ma comunque ci "batte" clamorosamente.

Infine i **colori:** non è vero che vede in bianco e nero, anche se molti pensano che sia così: sembra, invece, che distingua una gamma di colori diversa dalla nostra, ma comunque abbastanza ampia.

Bocca: il cane apprezza il sapore dei cibi soprattutto con il naso. Insomma, prova più piacere ad annusare, piuttosto che a mangiare. Infatti, normalmente inghiottisce senza masticare e comunque senza soffermarsi molto sul gusto. I cibi che tiene più a lungo in

bocca sono quelli che non gli piacciono e che magari accetta solo per accontentare il padrone.

Pelo: più della pelle, gli organi sensibili al **tatto** sono i peli, in particolare quelli presenti sul muso e fra le sopracciglia. I peli del muso funzionano esattamente come fossero mani e sono in grado di stabilire l'esatta forma di qualsiasi oggetto.

Anche il **mantello** è una caratteristica importante. In genere è composto di **pelo** e **sottopelo**. Il pelo è quello esterno di copertura, il primo che sentiamo accarezzando un cane. Può essere corto, semilungo o lungo, liscio oppure ruvido.

Il sottopelo è quello interno, soffice e corto, e serve a proteggere il cane dal freddo: aumenta nei mesi invernali e cade durante l'estate. Un secondo cambiamento del sottopelo (la cosiddetta muta) si verifica anche in autunno: in questo caso, però, non è così "esagerato", perché è più graduale.

Sta per arrivare: Cosa gli serve

Prepararsi

Finalmente è in arrivo. La gioia è tanta e l'emozione anche. Ma non bisogna dimenticare che il cucciolo sarà spaesato per il nuovo ambiente, intimorito per l'assenza della mamma e dei fratellini, confuso per il cambio di abitudini. Vediamo allora qualche "segreto" per accoglierlo nel miglior modo possibile.

Non appena arriva, è importante permettergli di esplorare ogni angolo della casa, in modo che impari a conoscere il suo nuovo mondo.

Ma soprattutto – anche se non sempre è facile – bisogna evitare di passarlo da un familiare all'altro, magari costringendolo ad accettare coccole e carezze. Invece, occorre parlargli dolcemente, perché si rassicuri. Ci vorrà calma, pazienza e tenerezza per aiutarlo a rilassarsi.

Consolazioni

Un cucciolo si stanca facilmente: passati i primi momenti di eccitazione, può darsi che si metta a piangere e cerchi la com-

pagnia della mamma e dei fratellini. A questo punto è bene offrirgli un posto tranquillo dove possa riposare.
Un cesto con una copertina o un vecchio maglione del padrone andrà benissimo: collocandolo in un angolo della casa dove non ci sia troppo passaggio, il cucciolo potrà osservare i movimenti dei componenti della famiglia sentendosi protetto.

La cuccia

Che sia un cesto o una brandina, è bene abituare il cane a usare la sua cuccia fin dall'inizio, o potrebbe decidere che preferisce il divano di casa o il letto del padrone.

È importante che la cuccia sia **lavabile**, perché proprio qui i noiosissimi parassiti che lo infestano, come le pulci, depositano facilmente le uova.

I giocattoli

Palline, pupazzi, manubri da "strattonare", ossi di gomma... nei negozi specializzati si trovano moltissimi giocattoli: da quelli morbidi per i cuccioli a quelli più solidi per gli adulti, fino a quelli molto resistenti per i cani "distruttori".

Dopo un po' che vengono usati viene istintivo lavarli, ma non si deve fare: i cani amano i loro odori!

Collare e guinzaglio

Intorno alle **6-7 settimane** di età, un cucciolo dovrebbe iniziare a indossare un collare (meglio ancora una pettorina), che non deve essere né troppo stretto, né permettergli di liberarsene: per essere certi che sia della misura giusta, bisogna riuscire a infilare un dito fra il collo e il collare chiuso.

Il guinzaglio può essere di tessuto, nylon o cuoio; sono vietati quelli a catena: mordicchiandoli per gioco, potrebbe rovinarsi i denti.

È molto importante insegnare al cucciolo fin da piccolo a camminare a fianco del padrone senza provocare danni.

Si comincia dal collare, mettendoglielo prima per pochi minuti e via via per un tempo sempre maggiore, finché si sarà abituato. Quando arriva il momento delle passeggiate, si attacca un guinzaglio **piuttosto lungo**, che però permetta di tenere il cucciolo sotto controllo.

Ma cosa si può fare se, come spesso accade, all'inizio rifiuta di camminare, sdraiandosi per terra? Bisogna chiamarlo con dolcezza, accarezzarlo parlandogli con calma e poi cominciare a camminare tirando leggermente il guinzaglio: con un po' di pazienza imparerà ad associarlo a piacevoli passeggiate e sarà ben felice di farselo mettere.

Cappottino: sì o no?

I bruschi cambiamenti di temperatura non fanno bene a un cucciolo abituato al tepore di casa, per cui il cappottino può diventare una necessità, durante l'inverno. Si può evitare portando il cucciolo a correre e giocare nelle ore più calde, ma se la passeggiata viene fatta al guinzaglio verso sera è meglio proteggere il piccolo dal freddo.

Pettini e spazzole

Sono indispensabili per prendersi cura del mantello del nostro amico Fido.

Per i cani a pelo corto e liscio basta un **guanto di gomma** con cui strofinarli, mentre le razze a pelo lungo, come il pastore scozzese, devono essere spazzolate regolarmente.

Gli strumenti più utili sono un pettine con denti metallici **fitti**, che serve per togliere i parassiti, e un pettine con denti metallici **radi**, per togliere i nodi, oltre a una **spazzola** per completare la pulizia del pelo.

Convivenze...

È facile immaginare che l'arrivo di un cucciolo non riempia di gioia il cane o il gatto di casa. Il "primogenito" può sentirsi tradito e temere di aver perso l'affetto del padrone, solo perché il piccolo "intruso" è allegro e divertente.

È dunque compito del proprietario rassicurarlo, ricoprendolo di attenzioni e di premi supplementari.

Che nome dargli?

Anche se spesso negli allevamenti vengono dati alle cucciolate nomi chilometrici, una o due sillabe sono più che sufficienti. Così Rex, Bob, Fido non sono forse nomi molto originali, ma il cane li capirà benissimo.

▶ Per scegliere il suo nome aiutati con la lista di pagina 62.

Tra due cani, specie se uno è maschio e l'altro femmina, di solito si arriva presto a un accordo, fatto di grande complicità e assistenza reciproca.

Anche un rapporto gatto-cane non è impossibile, nonostante quello che molti pensano.

In realtà, il gatto vede il cane come un essere rumoroso, goffo e maldestro e per reazione si mette sulla difensiva, facendo la "gobba", soffiando e scappando. Non appena lo vede correre, è inevitabile che il cane lo insegua.

Spesso, però, dopo un inizio burrascoso, tra i due può nascere una bellissima amicizia.

Buon Appetito!

Una buona forchetta

Nato come carnivoro, nel passaggio da cacciatore selvatico ad animale domestico il cane è diventato **onnivoro**, nel senso che mangia qualsiasi cosa.

Il cane di solito accoglie con entusiasmo la pappa che gli viene offerta e si adatta facilmente a eventuali cambiamenti di sapore.

Le **proteine** contenute nella carne, nel pesce, nel latte e nei formaggi costituiscono la base della sua alimentazione.

La carne

Manzo o vitello, pollo o coniglio, maiale o lepre, il cane dimostra di gradire qualunque tipo di carne, cruda o cotta.

In realtà, è bene non esagerare con la carne rossa, limitandola a una volta alla settimana e preferendo, invece, vitello, pollo, tacchino. Inoltre,

la cottura (sempre consigliabile nel caso di un cucciolo) permette di "distruggere" eventuali parassiti presenti nella carne, che potrebbero causare alcune malattie.

Il pesce

Determinate razze, come l'**husky** e il **samoiedo**, sono ghiottissime di pesce, che rappresenta un'ottima alternativa alla carne.

Va offerto al cane dopo averlo bollito e ripulito con cura dalle lische, che potrebbero rappresentare un serio pericolo.

Latte e formaggi

Il latte è un cibo completo, ricco di calcio, vitamine e minerali, tutti elementi essenziali per la crescita di un cucciolo.

Alcuni, però, non riescono a digerirlo: in alternativa, si possono offrire, con moderazione, formaggi freschi come ricotta o stracchino e qualche pezzetto di grana, che per molti cani è una vera prelibatezza!

Uova

Il tuorlo d'uovo favorisce la lucentezza del pelo e può essere tranquillamente aggiunto crudo alla pappa,

Acqua a volontà

Quello che va sempre lasciato a disposizione del cane, giorno e notte, è una ciotola piena d'acqua.
Non sempre si riesce a capire quanto beve – dipende dalla pappa secca o umida, dalla temperatura esterna, dal tipo di attività – ma l'acqua deve essere rinnovata almeno una volta al giorno.
A meno che quella del rubinetto non sia molto ricca di cloro, non è necessario utilizzare acqua minerale.

senza però esagerare con le quantità. L'albume, invece, deve sempre essere cotto.

Verdura e frutta

Un cane può mangiare verdura a volontà, anche se non è certo fra i suoi cibi preferiti.

Se mostra di non gradirla non è il caso di insistere: può vivere benissimo senza.

I dolci

I dolci, fatta eccezione per il **cioccolato**, in genere non sono dannosi; è solo una questione di quantità, perché un consumo eccessivo di dolci può creare problemi di sovrappeso o favorire la carie dentale. Meglio proporgli uno o due biscotti secchi, magari come colazione del mattino.

E ancora...

Il **pane** secco, la **pasta** o il **riso** ben cotti, oppure il **riso soffiato**, vanno aggiunti alla pappa tenendo conto del suo stile di vita: infatti sono fra i primi alimenti da eliminare se ingrassa.

Qualche goccia di **olio di semi** per condire il cibo contribuisce a migliorare la qualità del pelo.

Infine, le **ossa**: contengono minerali fondamentali per la crescita e la salute. È importante, però, utilizzare solo le grandi ossa di bovino, evitando assolutamente le ossa di pollo, coniglio e altri piccoli animali, che si scheggiano facilmente e potrebbero diventare molto pericolose per lo stomaco e l'intestino.

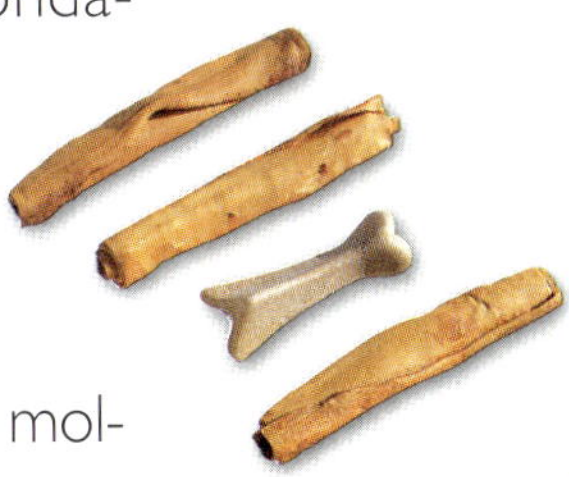

Quando mangia

Fino ai quattro mesi di età un cucciolo non è in grado di digerire cibi sostanziosi: bisogna quindi suddividere la pappa in **3-4 pasti** per abituare per gradi il suo giovane stomaco a "lavorare".

Nel cane adulto i pasti diventano **due**, meglio se accompagnati da una piccola colazione del mattino. Invece, offrirgli una sola pappa al giorno è un errore, perché quando lo stomaco resta vuoto troppo a lungo possono manifestarsi disturbi come l'acidità.

è vero che...

...SE MANGIA ERBA NON STA BENE?

Può capitare di vedere un cane che "bruca" l'erba per poi vomitarla subito dopo. Non è il caso di preoccuparsi.
Semplicemente, gli serve come digestivo o come purgante: infatti, il pelo che ingerisce leccandosi si ferma nello stomaco o nell'intestino, causando disagio.
La funzione dell'erba è appunto quella di provocare il vomito o di favorire lo svuotamento dell'intestino.

Le regole giuste

Al contrario di un gatto, che è perfettamente in grado di regolarsi in fatto di cibo, suddividendo le quantità di pappa a sua disposizione, un cane mangerebbe fino a "scoppiare". Sbagliatissimo, quindi, lasciargli una ciotola piena per tutta la giornata. Il cane deve abituarsi a **orari fissi** e il cibo deve essere lasciato a sua disposizione al massimo per 10-15 minuti.

Oltre all'alimentazione "casalinga" si posson le pappe pronte, che il cane mostra comunque c mali scatolette che si trovano al supermercato v **cibi umidi**, perché hanno un contenuto di acqua pi elevato. Ci sono poi i croccantini, detti **cibi secchi**: l'ideale è offrirglieli lasciandogli sempre a disposizione la ciotola dell'acqua, alternandoli con scatolette e altre pappe.

A seconda delle preferenze e delle abitudini dell'animale, la pappa può essere **tiepida** o a **temperatura ambiente**, non fredda, né troppo calda, perché il cane "ingurgita" con grande avidità e potrebbe scottarsi.

Attenzione ai **cambiamenti improvvisi**. Fare esperimenti con piatti nuovi o gusti insoliti non è una buona idea: il cucciolo deve essere abituato alle novità a poco a poco.

Il cane non deve essere nutrito con i nostri cibi o, peggio, con i nostri avanzi, e neppure con la pappa del gatto: l'apparato digerente di questi due animali, infatti, è molto diverso.

LA SUA SALUTE

Le cure domestiche

Certe razze hanno bisogno di molte più cure di altre: per esempio, quelle a pelo lungo devono essere spazzolate una volta al giorno, mentre per quelle a pelo corto basta una volta alla settimana. Alcune precauzioni, però, valgono per tutti i tipi di cani.

Occhi e orecchie

Gli **occhi** vanno puliti almeno una volta alla settimana, con una garza imbevuta di normalissima acqua. Meglio evitare, invece, i batuffoli di cotone, che lascerebbero fastidiosi filamenti nell'occhio del nostro animale.

Al contrario, per la pulizia delle **orecchie** è bene rivolgersi al veterinario, perché, se non viene eseguita nel modo corretto, può causare più danni che benefici.

Prenditi cura di me!

I parassiti esterni

Controllare regolarmente il mantello permette di individuare la presenza di parassiti come le pulci e le zecche.

Le **pulci** provocano un forte prurito, per cui il cane si lecca o si gratta in continuazione. Per sbarazzarsene, è importante agire sull'animale con prodotti specifici, ma anche sull'ambiente, perché questi parassiti depositano le loro uova nella cuccia, sui tappeti e anche nel parquet.

Purtroppo, le disgustose **zecche** sono un rischio quasi inevitabile dopo una giornata in campagna. Per toglierle, bisogna ricordarsi di non tirare mai con forza, perché la testa del parassita potrebbe rimanere conficcata nella pelle del cane. La soluzione migliore è "farle addormentare" con un batuffolo di cotone imbevuto di etere, aspettare qualche minuto, finché lasciano la presa, e staccarle delicatamente con una pinzetta.

Il veterinario

Le visite di controllo dal veterinario non riguardano solo i cuccioli, ma anche il cane adulto, che va portato almeno una volta all'anno dal veterinario, per tutta la vita.

Non bisogna cedere alle sceneggiate con cui cerca di intenerirci quando riconosce la strada o la porta dell'ambulatorio. La visita o l'iniezione sono "torture" alle quali dovrà rassegnarsi per il suo bene.

è vero che...

... BISOGNA FARGLI SPESSO IL BAGNO?

Sembra proprio che lo sport preferito di un cucciolo sia rotolarsi in un'infinità di schifezze, per cui in certi momenti il bagno diventa indispensabile, anche se bisognerebbe aspettare almeno i 4 mesi di età, quando ormai ha fatto le vaccinazioni.
Se però non ci sono alternative, bisogna lavarlo in una stanza calda e asciugarlo molto bene, facendo attenzione che non resti umido.
Per quanto riguarda la frequenza, un bagno ogni due o tre mesi è più che sufficiente, perché lavaggi effettuati troppo spesso possono indebolire il mantello e la pelle del nostro amico Fido.

Le vaccinazioni

Esattamente come succede ai bambini appena nati, nei primi mesi di vita anche i cuccioli di cane sono protetti dalle malattie, grazie a particolari sostanze presenti nel latte della mamma.

Quando cominciano a mangiare da soli, però, bisogna intervenire con dei "sostituti", che sono appunto le vaccinazioni.

La **prima** deve essere effettuata quando il cucciolo ha 55-65

Come capire che non sta bene

Un cane in buona salute è attento, vivace, ha movimenti agili e coordinati. Alcuni segnali, in particolare, ci aiutano a capire quando è utile una visita di controllo:

- È svogliato o abbattuto.
- Non ha voglia di giocare.
- Rifiuta il cibo.
- Ha molta sete.
- Il pelo diventa opaco.
- Dorme più del solito.

giorni e la **seconda** fra i 75 e 90 giorni, eseguendo poi un'iniezione detta "di **richiamo**" a circa 90-100 giorni. In seguito questa va ripetuta più o meno ogni 12 mesi.

Il libretto sanitario compilato dal veterinario in occasione della prima vaccinazione e aggiornato ogni volta, ti aiuterà a ricordare quando è arrivato il momento di tornare.

Cosa sta cercando di dirmi?

Chiacchiere con Fido

Il cane non è chiacchierone come il suo cugino gatto, nel senso che usa meno la "voce", ma è perfettamente in grado di parlare. E lo fa con **tutto il corpo**.

Dopo più di 10000 anni di vita in comune, l'uomo ha capito che il cane scodinzola quando è allegro, ringhia quando è arrabbiato e fa "cain" quando sente male.

E il nostro amico a quattro zampe cos'ha capito di noi? Riconosce almeno **trenta diverse parole** e da cinque a dieci **frasi compiute**. Non solo: salta di gioia quando il padrone è contento, gli posa il muso sulle ginocchia se lo vede triste, si fa da parte quando sente che ha bisogno di stare solo.

Con la voce

Vivere con un cane significa dunque capire il suo linguaggio, esattamente come lui impara a fare con il nostro, riuscendo spesso a farlo molto meglio di noi.

Il guaito: nel cucciolo appena nato è spesso una richiesta di aiuto, mentre il cane

adulto guaisce quando si sente in pericolo oppure prova dolore, paura o malessere.

L'abbaio: interpretare l'abbaio è forse più complicato, ma con un po' di pratica il padrone impara presto a riconoscerne il significato. C'è un abbaio di avvertimento, uno di sfida, uno di invito al gioco, uno di richiesta di pappa...

Il mugolio: è un guaito debole e prolungato, con il quale il cane esprime la sua disapprovazione. In pratica è come se brontolasse. Lo fa per dire: "sono stufo di stare in questo posto", oppure "non capisci che ho voglia di uscire?", o ancora "perché hai spostato i mobili nella mia stanza preferita?" (i cani sono molto abitudinari).

L'ululato: non tutti i cani ululano, ma quelli che lo fanno – "rispondendo" a rumori come una sirena, un allarme o una certa musica – riescono a imbastire vere e proprie serenate.

Gli ululati sono un segno di isolamento, o semplicemente della paura della solitudine: per esempio, il cane potrebbe mettersi a ululare prima della partenza del padrone.

Il ringhio: il ringhio è sempre un segnale di aggressività, ma non necessariamente di cattive intenzioni.

Infatti, un cane può ringhiare anche mentre gioca: in questo caso, non è aggressivo nei confronti del padrone, ma verso la "preda-straccio" che contende.

Con il muso

Gli occhi: due cani che si fissano negli occhi si stanno sfidando: ognuno dei due vuole dimostrare all'altro che è il più forte. Invece, se il nostro cane ci guarda negli occhi, spesso lo fa solo per capire meglio l'ordine che gli abbiamo dato, o il nostro stato d'animo.

In questo caso, il resto del suo corpo è molto rilassato.

Le orecchie: orecchie diritte o portate in avanti vogliono dire che il cane è sereno e si sente sicuro di sé, mentre se sono all'indietro, quasi schiacciate contro la testa, indicano che si sente in difficoltà e ha poca fiducia nelle sue "capacità".

è vero che...

...SORRIDE?

Non vale per tutte le razze, ma i dalmata, i golden retriever e alcuni bastardini "sorridono": tirano indietro il labbro superiore, scoprendo i denti in un buffissimo ghigno che rivolgono soltanto all'uomo, mai a un proprio simile.

Non è un segnale di minaccia, ma un sorriso, lo dimostra l'atteggiamento di tutto il resto del corpo, che manda messaggi di sottomissione e di pace.

La bocca: quando un cane tiene la bocca aperta e le labbra rilassate è come se ci dicesse: "sto bene, sono tranquillo".

Al contrario, se arriccia le labbra e scopre i denti significa che è pronto all'attacco. A volte, per dimostrare affetto, lecca "a vuoto".

Lo sbadiglio: a parte i casi in cui è stanco e ha sonno, proprio come noi, lo sbadiglio è un vero linguaggio, un modo per ottenere la benevolenza del padrone. Infatti, capita che il nostro cane sbadigli proprio mentre lo sgridiamo.

Non è assolutamente una presa in giro; anzi, ci sta dicendo: "non arrabbiarti, facciamo pace!".

Con il corpo

Pancia all'aria: lo fa sia con altri cani, sia con il padrone quando sa di aver sbagliato e si aspetta un rimprovero. Spesso, però, un cane si mette a pancia all'aria anche se viene accarezzato.

In ogni caso, è sempre un segno di sottomissione, come dire "mi arrendo!".

Colpetti con il muso: colpetti dati con il muso sulle gambe o sulle braccia del padrone, sono sempre una richiesta: di coccole, di uscire, di pappa...

Zampa anteriore sollevata: è la tipica posizione di "ferma" dei cani da caccia, che però è comune anche a tutte le altre razze. Corrisponde a un momento di massima concentrazione, ma talvolta anche a uno stato di indecisione.

L'inchino: il cane abbassa le zampe anteriori e tiene sollevate quelle posteriori. Questa specie di in-

è vero che...

... SOFFRE SE RESTA A CASA DA SOLO?

Il padrone infila il cappotto e lui è già davanti alla porta, pronto per uscire e, se lui non lo porta con sé, si siede con la "faccia triste" davanti alla porta che si chiude.

Fin dai primi giorni di vita in comune, il cane si sente un membro della famiglia, per cui è naturale che non sia felice di essere lasciato solo. Però è necessario che si abitui.

Un buon metodo per aiutarlo a superare la delusione è quello di dirgli sempre la stessa frase, tipo "tu resti qui" oppure "torno subito", e dargli un biscottino di premio quando si torna a casa.

Ma non è il caso di sentirci in colpa se non possiamo portarlo con noi: un cane non ha il senso del tempo e, infatti, ci accoglie sempre con la stessa gioia immensa, sia che stiamo fuori dieci minuti o tre ore.

chino, che possiamo vedere sia tra due cani sia tra cane e uomo, è un segnale inconfondibile e il significato è uno solo: "giochiamo?".

Con il pelo

Tutti i cani rizzano il pelo di fronte a un rumore improvviso o a qualcosa che non si aspettano. Quando invece il nostro cane rizza il pelo davanti a un suo simile, significa che vuole apparire più forte e quindi "ingrandisce" il suo corpo.

Con la coda

La coda è una delle parti più "vive" del cane: la usa sia per dichiarare chi è (**alta**: comando io; **bassa**: comandi tu), sia per esprimere paura (**coda tra le gambe**). Ma una coda che si agita ha anche altri significati.

Indecisione: quando un cane muove lentamente la coda a destra e a sinistra vuol dire che è indeciso: per esempio, non sa se si trova di fronte a un amico o a un nemico.

Felicità: l'arrivo del padrone viene sempre festeggiato con scodinzolamenti agitatissimi (sembra quasi che la coda stia per staccarsi da un momento all'altro!).

MOMENTI DI GIOCO

A scuola di vita!

Per il cane il gioco non è solo divertimento. È anche un modo di esprimere un istinto fondamentale, che gli deriva dal suo antenato lupo e che non perderà mai, quello del **branco**.

Possiamo dire che per i cuccioli il gioco è una specie di scuola, perché attraverso quelli che sembrano solo momenti di svago imparano a "vivere". Imparano cioè a cacciare, a lottare, a confrontarsi con fratelli e sorelle (il loro piccolo branco), a distinguere gli amici dai nemici (un branco più allargato).

Ma anche nei cani adulti non è molto diverso. Se osserviamo con attenzione due cani insieme, vedremo che quando uno dei due fa una specie di inchino, che significa appunto "giochiamo", spesso comincia il "gioco della caccia", in cui uno fugge e l'altro è inseguito, o il "gioco della lotta", con simulazioni di aggressioni e difese.

Ma cosa succede tra cane e uomo? In questo

caso il gioco è un momento importantissimo: è sicuramente il piacere di stare insieme, ma per il cane è anche qualcosa di molto serio, proprio come un lavoro, perché considera il padrone come un capobranco e gli deve obbedienza.

La famiglia-branco

Ha solo due mesi, ma quando un cucciolo arriva a casa nostra gli bastano pochi giorni per capire come funziona la vita in famiglia. I genitori diventano per lui la "mamma" e il "papà" ai quali obbedire, mentre i bambini sono "fratellini", con cui si metterà in competizione per vedere chi deve comandare.

Se il fratellino-uomo gli sembra più forte, in genere il cucciolo si arrende, ma l'indomani torna alla carica pensando di essere cresciuto abbastanza da riuscire a vincere.

Man mano che il cane cresce diventa più maturo e meno impetuoso. Anzi, arriva addirittura a proteggere il piccolo di casa e spesso anche a sopportare i suoi "assalti", dettati senz'altro dall'amore ma talvolta un po' violenti.

A questo proposito è importante avere ben presente che il cane non è un giocattolo, ma un essere vivente con un carattere e una personalità che vanno rispettati. Quindi, niente scherzi, prepotenze o dispetti.

Il gioco come "lavoro"

Con gli adulti di casa, invece, l'atteggiamento del cucciolo è completamente diverso. In genere questo vale soprattutto per il papà, che desidera accontentare a tutti i costi, non tanto perché gli stia più simpatico ma perché, come dicevamo, crede che "comandi" quel branco.

Proprio dal rapporto con gli adulti, che può anche diventare una forma di gioco, da fare però molto seriamente, il cucciolo impara a rispettare determinate regole: non sporcare in casa, riuscire a stare da solo senza combinare guai, obbedire al richiamo.

Abituarlo a obbedire

L'abitudine a **obbedire al richiamo** può spesso proteggere il nostro cane dalle situazioni di pericolo, se non addirittura salvargli la vita. È quindi importantissimo che fin dalla più tenera età il cucciolo impari a correre dal padrone ogni volta che sente pronunciare il suo nome.

Durante le prime uscite, il cucciolo va sempre tenuto al **guinzaglio**. La cosa migliore è andare in un prato o in un parco e, usando un guinzaglio di quelli che si allungano, lasciare che si allontani liberamente.

Dopo un po' bisogna cominciare a chiamarlo, con dolcezza ma con un tono deciso. Se non dà segni di interesse, si deve tirare il guinzaglio, continuando a chiamarlo.

Quando finalmente è vicino al padrone, è importante premiarlo, magari con un biscottino. Spesso occorre provare e riprovare.

Non bisogna farsi prendere, però, dall'impazienza,

o commettere l'errore di inseguire e punire il cucciolo che non risponde subito.

Quando combina qualche guaio non è necessario ricorrere a punizioni fisiche: un "no" secco è più che sufficiente. Deve imparare ad avvicinarsi al padrone per affetto, non per paura.

Gli errori da evitare

È possibile che un cucciolo "obbediente" si trasformi, intorno ai sei mesi, in un cane "ribelle", lasciando il padrone allibito.

In realtà, è stato proprio lui a commettere qualche sbaglio nel suo ruolo di "capobranco".
Perché questo non accada, è importante evitare alcuni errori.

• Prima di tutto, bisogna evitare di **dare ordini poco chiari**: un comando che il cane non riesce a capire, può diventare per lui un "alibi" che giustifica una disubbidienza.

• È importante, poi, non **cambiare le regole**: un cane che ha il permesso di salire sul letto da cucciolo non può essere sgridato se fa la stessa cosa da adulto.

• Assolutamente sbagliato, anche **trattare il cane con prepotenza**. Il padrone deve essere forte e deciso, non prepotente o aggressivo.

Il cane deve avere l'impressione di poter contare su di lui, ma non deve temerlo.

Come costruire un gioco per lui

Giocare con il tuo cane è un'attività divertente e utile, che lo stimola e gli dà soddisfazione. I cani annoiati rosicchiano i calzini, strappano la carta da parati o fanno a pezzi la moquette!
Quello che ti serve, in quasi tutti i giochi, è una ricompensa a base di cibo e una regola importante da seguire: non spingere o tirare il tuo cane, non perdere mai la pazienza o il buonumore!

1. La tenda

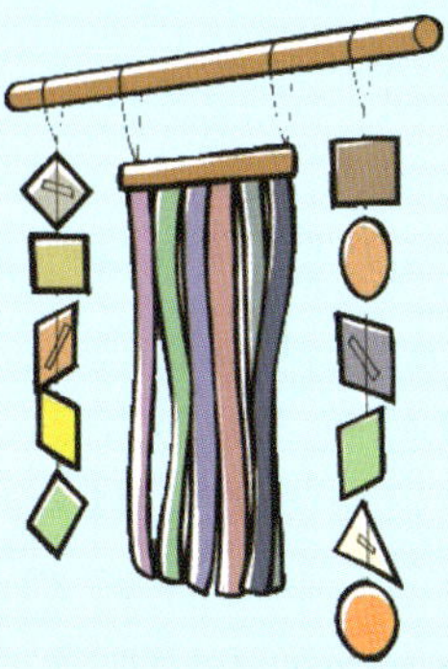

Trasforma il soggiorno in un terreno di avventure! I percorsi a ostacoli sono prove di coraggio molto divertenti per il tuo amico a quattro zampe.
Prova a costruire una "tenda", collegando le spalliere di due sedie con una corda o con il manico di una scopa e appendici dei vestiti, delle strisce di carta, dei sottobicchieri o dei rotoli di cartone infilati in uno spago. Riuscirai a far passare il tuo cane attraverso la "tenda"?
Ricordati di cominciare con oggetti leggeri, usa le crocchette poste di là dalla tenda come "calamita", poi magari passa prima tu, strisciando sotto la "tenda", e aspettalo dall'altra parte, incoraggiandolo!

2. Scatole di cartone

Qualsiasi genere di scatola di cartone può diventare una prova avvincente! Mettici dentro una o più crocchette, chiudi il coperchio e osserva quale strategia il tuo amico usa per aprirla.
All'inizio non chiudere completamente la scatola, così potrà capire il meccanismo di apertura.
Una variante, per quando sarà un po' più esperto, consiste nel mettere le crocchette in una scatolina chiusa dentro un'altra scatola, a sua volta dentro a una più grande e così via, come nelle scatole cinesi. Il tuo cane dovrà lavorare un po' per arrivare a destinazione!

ALCUNE RAZZE

Quante razze!

"Di che razza è?" Questa è la domanda che con maggiore frequenza si sente fare il proprietario di un cane dalle persone che incontra nelle quotidiane passeggiate con il suo amico.

Per molte persone, anche fra quelle amanti dei cani, è impensabile avere un cane che non sia di razza pura e dimenticano una cosa molto importante e cioè che il cane… è un cane! Gli ascendenti nobili hanno senso quando si parla di allevamento e di selezione, ma non hanno alcun significato quando si tratta di amore, amicizia, compagnia.

È vero però che, per vari motivi, non tutti i cani possono adattarsi a tutte le situazioni. Qui trovate le "carte d'identità" di alcune razze, fra le più amate e conosciute, per apprezzarne le loro caratteristiche e orientarvi nella scelta da fare.

Alano

Fiero, forte ed elegante, ha una struttura fisica molto armoniosa. L'altezza minima per i maschi è di 80 cm; per le femmine di 72 cm.

CARATTERE: anche se le sue dimensioni sono quelle del cane da guardia, è soprattutto un animale da compagnia: adora il padrone e la sua famiglia, è molto dolce con i bambini e non sopporta la solitudine. In genere, non ha problemi con gli altri cani e tollera perfino i gatti.

SALUTE: da giovane ha bisogno di molte attenzioni, mentre da adulto è un cane robusto (però soffre il freddo).

DOVE TENERLO: meglio in casa, specie di notte e nei mesi freddi. Deve fare esercizio fisico, ma meno di molti cani di taglia media o piccola.

Barboncino

Cane da compagnia caratteristico per il pelo completamente riccio, nella varietà di taglia media (esistono anche il "grande", il "nano" e il "toy") è alto dai 35 ai 45 cm.

CARATTERE: è un cane estremamente facile da gestire e che non crea problemi al padrone. Basta solo fare attenzione alla sua sensibilità, evitare di lasciarlo da solo e tenere desta la sua attenzione.

SALUTE: è molto robusto e sano. Particolare attenzione va riservata al mantello che deve essere spazzolato quotidianamente.

DOVE TENERLO: per indole e caratteristiche fisiche, il suo ambiente ideale è la casa.

Bassotto

Ottimo cacciatore, è molto adatto alla vita cittadina e domestica. Il suo aspetto è caratterizzato dalle zampine molto corte, ma altrettanto robuste. Esiste anche la variante a pelo lungo. Il peso varia dai 7 ai 10 kg.

CARATTERE: orgoglioso, indipendente, sicuro, coraggioso e molto intelligente, è un vero concentrato di energia.

SALUTE: cane sano e che vive a lungo, necessita di una buona quantità di moto e di un po' di attenzione nel cibo, perché tende a ingrassare. Alcuni esemplari possono essere predisposti a problemi alla colonna vertebrale.

DOVE TENERLO: la vita domestica gli si addice, ma dato che il bassotto è un cane da caccia, ama (e deve) frequentare anche gli spazi aperti.

Beagle

È un piccolo cane grazioso e proporzionato, che dà una sensazione di grande energia. È alto da 33 a 40 cm.

CARATTERE: si dice che sia il cane più buono del mondo, molto dolce con i bambini, per i quali diventa un instancabile compagno di giochi. Da cucciolo può combinare qualche marachella, ma grazie ai suoi irresistibili "occhi da beagle", che rappresentano la sua arma vincente, si fa sempre perdonare.

SALUTE: in genere gode di ottima salute e non ha problemi particolari.

DOVE TENERLO: a pelo raso, con un gran senso della pulizia, può vivere benissimo in un appartamento.

Boxer

Di taglia media, è robusto, ma anche molto armonioso. I maschi sono alti 57-63 cm; le femmine 53-59 cm.

CARATTERE: è dolcissimo con i bambini, che ama tanto da essere considerato il miglior baby sitter a quattro zampe del mondo. È allegro, giocherellone e amico di tutti. Se però qualcuno mette in pericolo la sicurezza del padrone, diventa terribile.

SALUTE: in caso di caldo eccessivo, può avere problemi di respirazione.

DOVE TENERLO: può vivere all'aperto anche nei mesi freddi, ma essendo molto socievole preferisce stare in casa vicino ai padroni. Non perde pelo, però sbava un po': è il suo unico lato negativo.

Epagneul Breton

Comunemente detto "bretone", è un cane da caccia di taglia media di origine francese, alto fra i 46 e i 52 cm.

CARATTERE: è dotato di un fiuto eccezionale, dolcezza di carattere e intelligenza. È molto affezionato ai padroni e in particolare ai bambini.

SALUTE: come per tutti i cani a orecchie pendenti, vanno sorvegliati con cura i padiglioni auricolari che vanno puliti regolarmente.

DOVE TENERLO: la casa certamente gli piace perché è il luogo dove vivono i suoi padroni, ma come tutti i "cacciatori" ama gli spazi aperti e anche un bel giardino potrà renderlo felice.

Chihuahua

Di origine messicana, è la più piccola razza esistente al mondo. Può essere a pelo corto o lungo e il suo peso ideale è di 1,5-3 kg.

Carattere: simpatico e dolce compagno di tutta la famiglia (con qualche problema con i bambini), è anche un cane coraggiosissimo che non esita ad affrontare qualsiasi avversario, ovviamente sempre più grosso di lui.

Salute: malgrado le apparenze, non è un cane gracile ed è piuttosto longevo. Il suo punto debole è la testa, che ha una fossettina molle caratteristica della razza. Non ama il freddo.

Dove tenerlo: la casa è il suo habitat naturale. Se vive in zone dal clima invernale particolarmente rigido sarà opportuno dotarlo di un caldo cappottino per le sue uscite quotidiane.

Cocker spaniel

Inglese di origine, nasce come cane da caccia. È alto 38-40 cm con un peso che varia dai 12,5 ai 14,5 kg.

Carattere: è un cane intelligentissimo, vivace ed esuberante e la sua gioia si manifesta nel continuo movimento del codino. Ha anche un carattere determinato ed equilibrato, ma è anche dolce, amante dei bambini, affidabile e allegro.

Salute: non bisogna prestargli particolari cure se non alle orecchie che, essendo particolarmente lunghe, tendono a sporcarsi facilmente.

Dove tenerlo: come ogni buon cacciatore, ama vivere all'aperto ma è anche molto attaccato alla casa e alla famiglia proprio per questo si è abituato a vivere in appartamento con grande facilità e soddisfazione.

Dalmata

Diventato celebre per il famoso film di Disney, ha goduto per anni di grande popolarità. Di taglia media, è caratterizzato dalla particolare colorazione del mantello. La sua altezza varia dai 54-59 cm della femmina ai 56-61 cm del maschio.

CARATTERE: si può considerare a tutti gli effetti un cane da compagnia, anche se la sua vivacità e la sua testardaggine possono risultare a volte difficili da gestire.

SALUTE: ha un solo vero problema: può andare soggetto a sordità di carattere ereditario e non è sempre facile accorgersene. Necessita di molto moto.

DOVE TENERLO: la casa è certamente il suo ambiente preferito ma sono necessarie lunghe passeggiate quotidiane per lasciargli sfogare la sua vivacità.

Labrador

È forte e robusto, con occhi dall'espressione buona e intelligente. I maschi sono alti 56-57 cm; le femmine 54-56 cm.

CARATTERE: è uno dei cani più simpatici, allegri e giocherelloni del mondo.

SALUTE: da cucciolo non deve fare troppo esercizio fisico (per esempio, non dovrebbe mai fare le scale); una volta adulto, è un cane dalla salute di ferro. Quando esce dall'acqua bisogna asciugare bene la base della coda per evitare una contrazione dei muscoli detta "broken tail" (coda rotta).

DOVE TENERLO: in teoria può stare in casa, ma finché è giovane bisogna che l'appartamento resista alla sua esuberanza. Da adulto diventa un po' più tranquillo, anche se la soluzione migliore, per la sua gioia di vivere, è un giardino.

Pastore maremmano-abruzzese

Cane da pastore, è ottimo anche come cane da guardia e da difesa. Di taglia grande e con un mantello dal pelo lungo, può arrivare a 45 kg con un'altezza di 73 cm.

Carattere: indipendente, molto intelligente e dotato di grande sensibilità e senso del dovere. Dignitoso, riservato, equilibrato, è pronto a proteggere i più deboli e a dare la vita per le persone che ama.

Salute: è un cane rustico e spartano che gode di buona salute e con una vita abbastanza lunga.

Dove tenerlo: vive all'aperto anche a temperature rigidissime o nel caldo torrido, grazie al suo mantello doppio. Può vivere anche in appartamento, dove si sdraia appartato nei punti in cui sa di non disturbare.

Pastore tedesco

È robusto, molto muscoloso, di taglia leggermente superiore alla media dei cani da pastore. I maschi sono alti 60-65 cm; le femmine 55-60 cm.

Carattere: è allegro, amante del gioco, facilissimo da addestrare e sempre desideroso di accontentare il suo padrone. È adatto praticamente a tutti e può essere tanto un cane da compagnia che da guardia, tanto da difesa che da soccorso.

Salute: è un cane che non ha problemi di salute.

Dove tenerlo: può stare all'aperto in ogni stagione dell'anno, ma ama vivere in casa per stare vicino al padrone. Ha bisogno di correre e fare lunghe passeggiate.

Setter inglese

Fra tutti i cani da ferma, ovvero i cani da caccia che fermano la selvaggina, è sicuramente il più bello. Una delle sue caratteristiche principali sono i grandi occhi espressivi color nocciola scuro. I maschi sono alti 58-62 cm; le femmine 55-60 cm.

CARATTERE: è allegro, vivace, affettuoso, molto attaccato al padrone, dolcissimo con i bambini, buono con gli altri cani.

SALUTE: il suo punto debole sono le orecchie, che vanno controllate con una certa regolarità perché tendono ad "attirare" corpi estranei.

DOVE TENERLO: può vivere bene sia in casa sia in giardino, ma dev'essere portato spesso a correre.

West highland white Terrier

Più semplicemente chiamato "Westie", è un perfetto cane da compagnia di piccola taglia. La sua altezza è di circa 28 cm sia per il maschio che per la femmina.

CARATTERE: è un animale di grande intelligenza, dal carattere molto forte e dotato di grande coraggio, per cui è anche un ottimo guardiano. Con i bambini è buono e tollerante, ma vuole essere rispettato.

SALUTE: è un cane molto robusto, pieno di vitalità e che vive a lungo. Unico neo: tende a ingrassare per cui è opportuno farsi prescrivere dal veterinario una dieta "su misura".

DOVE TENERLO: certamente la casa è il suo regno, ma sarà una casa sempre molto vivace che rispecchierà in pieno le sue inclinazioni caratteriali.

STORIA DI UN'AMICIZIA

I primi ritrovamenti

Se lo paragoniamo al Tyrannosaurus, presente sulla Terra già 65 milioni di anni fa, il cane sembra giovanissimo, ma **12000 anni** di vita passati nelle nostre case sono comunque un bel pezzo di storia umana e canina. I primi resti di animali che assomigliano al nostro cane sono stati trovati in Iraq e risalgono, appunto, a circa 12000 anni fa.

Un tempo si pensava che alcune razze canine discendessero dal lupo e altre dallo sciacallo. Ormai, però, gli studiosi sono d'accordo: il **lupo** è l'unico antenato di tutti i cani domestici.

L'antenato

Oggi lupo e cane sembrano molto diversi: il lupo è "cattivo", il cane è buono; il lupo è "brutto", il cane è bello; il lupo "mangia le pecore", il cane le difende.

Un setter e un alano cos'hanno da spartire con il lupo? Verrebbe da rispondere "nulla", ma la risposta esatta è: "quasi tutto"! Perché, qualunque sia la razza, il cane e il lupo hanno lo stesso istinto del branco, ringhiano, scodinzolano nello stesso modo.

E quando pensano "questa casa è mia e non deve entrarci nessuno", lo dimostrano alzando la zampa e facendo la pipì.

I levrieri nella civiltà egizia ricoprivano un'alta funzione religiosa.

Ma, allora, cosa è successo 12 000 anni fa?

Tutto cominciò...

Probabilmente tutto è cominciato quando, nei suoi spostamenti in cerca di selvaggina, l'uomo primitivo trovò un **cucciolo**.

Il pastore tedesco e il suo antenato lupo conservano ancora una lieve somiglianza reciproca.

Cucciolo, sì, perché portarsi a casa un lupo grande e grosso poteva essere un'idea piuttosto rischiosa. E forse anche **orfano**, perché nessuna mamma lupa se lo sarebbe lasciato portare via senza reagire.

Probabilmente l'uomo primitivo pensava che, una volta cresciuto, il piccolo avrebbe potuto servirgli da **selvaggina**. Ma quando il cucciolo crebbe, l'uomo, invece di una "cena", trovò un amico che non avrebbe più abbandonato.

La spiegazione è una sola: qualcuno in famiglia si oppose! È molto probabile che sia stata la compagna dell'uomo-cacciatore, magari convinta da un bambino che non sopportava l'idea di mangiare quello che era diventato il suo migliore amico.

Salvato per **amore**, dunque, il primo cane domestico crebbe fino a rendersi davvero utile: forse accompagnando il padrone a caccia, forse mostrando i denti all'intruso che si affacciava all'ingresso della capanna.

Così iniziò la storia di un'amicizia indissolubile. E iniziò, più o meno nello stesso periodo, in almeno tre aree diverse: Asia, Africa ed Europa meridionale.

Una delle conseguenze principali del passaggio del lupo da selvatico a domestico fu, poi, la **formazione di razze** ben diverse le une dalle altre.

Come è cambiato

Tra il cane e i suoi cugini selvatici si riscontrano alcune differenze evidenti. Prima di tutto, le **orecchie pendenti** che, inesistenti nell'animale selvatico, sono comuni a quasi tutti i cuccioli. Questa caratteristica si riscontra soprattutto nelle razze da caccia e in quelle da guardia, cioè nelle primissime "specializzazioni" del cane domestico.

Gli **occhi scuri**, che danno al cane un'espressione più dolce, non esistono negli animali selvatici. Il nostro amico a quattro zampe ha il **muso accorciato**, che lo fa assomigliare a una "faccia" umana. L'animale selvatico adulto, inoltre, non **abbaia** praticamente mai, pur essendo perfettamente in grado di farlo.

Il cane domestico, infatti, abbaia per rendersi utile all'uomo, per esempio per segnalargli la presenza di selvaggina.

Però, nonostante le differenze rispetto ai suoi antenati, il cane è ancora lupo: ragiona come un lupo e ha i suoi stessi istinti. Insomma, se potesse, continuerebbe a mangiare le pecore con gusto!

CANI FAMOSI

Pongo

Al cinema e in tv

La carica dei 101: due cani dalmata, che si innamorano e fanno innamorare i rispettivi padroni, danno il via a un'avventura che coinvolge i loro 101 cuccioli. I piccoli vengono rapiti dalla perfida Crudelia De Mon, che desidera la loro pelliccia bianca e nera.

Lilly e il Vagabondo: Biagio è un cane senza padrone che si innamora della bella cagnetta di razza Lilly. Con lei metterà su famiglia.

Si va in scena!

Quattro cuccioli da salvare: Benji, simpatico cane meticcio, assiste all'uccisione di una femmina di puma che lascia quattro cuccioli. Si prende cura di loro e, dopo aver superato vari pericoli, gli trova una nuova mamma.

Rin Tin Tin: è il coraggioso cane lupo di una serie di telefilm ambientati in un forte nel Far West. Agli ordini del sergente O'Hara, Rin Tin Tin vive appassionanti avventure, insieme al suo padroncino Rusty.

Rin Tin Tin

Torna a casa Lassie: Lassie è un pastore scozzese, compagno inseparabile di una bambina, Priscilla. Il cane, venduto a un allevatore, attraversa da solo tutta la Gran Bretagna per tornare dalla sua padroncina.

Fumetti

Tintin: Milou è il cagnolino del reporter-detective di una famosissima serie di fumetti, disegnati dal belga Hergé. L'autore non lo fa parlare, ma solo pensare.

Lassie

Peanuts: nato dalla fantasia di Charles Schultz, Snoopy è il bracchetto di Charlie Brown. Immagina spesso di essere un pilota asso della Prima Guerra Mondiale, che combatte contro il Barone Rosso.

Pluto

Topolino: spesso Pluto, il cane di Topolino, combina disastri, ma qualche volta riesce a togliere dai guai il suo padrone.

Letteratura

Il richiamo della foresta: Buck, un terranova, è il protagonista del libro di Jack London. Rapito al suo padroncino, viene utilizzato come cane da slitta dai cercatori d'oro, in Alaska. Alla fine del romanzo si unirà ai lupi selvaggi della foresta.

Flush: è la storia, raccontata da Virginia Woolf, del cocker spaniel della poetessa Elizabeth Barrett che, costretta a un'esistenza da reclusa, cerca conforto nella poesia e nel suo cane, che rinuncia all'emozione di scorrazzare per la campagna per restarle accanto.

Odissea: Argo è il cane di Ulisse. Quando il suo padrone torna a Itaca dopo ben 20 anni, nonostante sia vestito da mendicante, lo riconosce e gli va incontro scodinzolando, al settimo cielo per la felicità.

Storie vere

Laika: il primo essere vivente lanciato nello spazio era una cagnetta bianca e nera che i russi inviarono in orbita il 3 novembre 1957 a bordo dello Sputnik II. La parola Sputnik significa "compagno di viaggio".

Il cane Fido: Fido era un cucciolo che ogni mattina accompagnava il padrone alla fermata della corriera del paesino di Borgo San Lorenzo e ogni sera tornava ad aspettarlo.

Quando il padrone morì, si recò puntualmente, per 14 anni, all'arrivo della corriera ad aspettarlo.

In ricordo di questa straordinaria storia di amore e fedeltà è stata realizzata dal Comune una statua in bronzo di Fido.

Dicono di lui

La grande gioia di avere un cane è quella di poterti rendere ridicolo davanti a lui: non soltanto non ti rimprovererà, ma anche lui farà lo stesso.

Samuel Butler (scrittore inglese 1774-1839)

Uno crede di portare fuori il cane a fare pipì mezzogiorno e sera. Grave errore: sono i cani che ci invitano due volte al giorno alla meditazione.

Daniel Pennac, La fata carabina, 1987

Se ogni cane ha bisogno di un padrone, ogni uomo ha bisogno di un cane, anche se non lo sa.

Marco Valcarenghi (allevatore)

La fedeltà di un cane è un dono prezioso che impone obblighi morali non meno impegnativi dell'amicizia con un essere umano.

Konrad Lorenz, E l'uomo incontrò il cane, 1950

Il Mio Cane

Il cane percepisce il proprio nome come un suono, ma non riesce a distinguere le singole lettere, per esempio "Rex" e "Tex". È consigliabile scegliere un nome breve così il comando risulta deciso e veloce.

Nomi per maschi

Ariel	Elk	Igor	Omar	
Argo	Ernesto	Lampo	Pedro	Rex
Attila	Fido	Lapo	Pepe	Rudy
Billo	Fiocco	Leone	Pippo	Sammy
Bobby	Fred	Lillo	Pluto	Twiki
Buck	Gastone	Lucky	Poldo	Ugo
Cippo	Gigi	Macchia	Polpetta	Willy
Dante	Gino	Nedo	Poncho	Whisky
Dino	Hulk	Nerone	Pongo	Zeus

Nomi per femmine

Agata	Cindy	Lilli	Sally	
Akira	Diana	Mandy	Sandy	
Bea	Frida	Mizzy	Sara	
Betty	Ghita	Molly	Sasha	Trixi
Bianca	Kira	Nabu	Sissi	Wally
Bonnie	Laika	Nerina	Sophie	Wendy
Brigida	Lassie	Olimpia	Stella	Wilma
Cathy	Leda	Pimpa	Susina	Wanda
Chicca	Lilla	Pippa	Trilli	Yuma

• Carta d'Identità •

di ....

amic..... a quattro zampe

di ....

attacca qui la sua foto!

Data di nascita ....

Razza ....

Colore ....

Altezza ....

Segni particolari ....

....

Gli piace: ....

Non gli piace: ....

....

Veterinario .... Telefono ....

Note: ....

....

Titoli in collana:

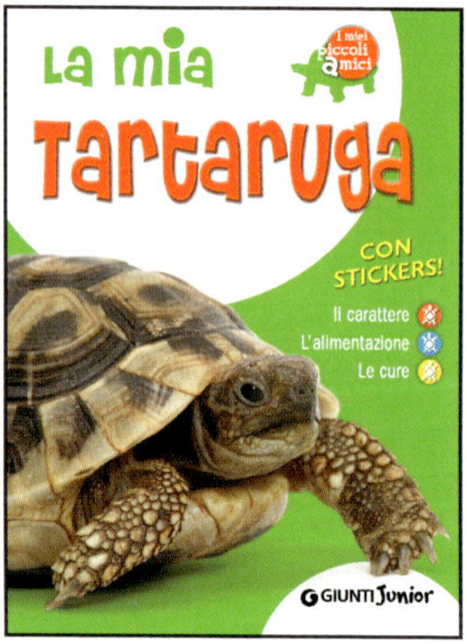